Inhalt

En Woort vörweg　　　7

Snacks un Geschichten vun

Lüüd rundumto　　　9
Öllern un ehr Gören　　　31
Mann un Fruu　　　43
Broot un Noot　　　59
Stiegen un Fallen　　　73
Biller op Platt　　　93
Ostern bit Neejohr　　　103
Ool Lüüd　　　115
Heven un Eer　　　123

En Woort vörweg

Dor sammelt sik wat an in't Leven, Freud, Arger, Truur; en mutt lehrn, wat'n doon, wat en laten schall. Un de Minsch wahrt dat allens op in sien Snacks, de hett he vun Mudder un Vadder to hören kregen, op de Straat, gifft ehr an sien Kinner wieder. Snacks vertellt vun't Leven un sünd Leit för't Leven. Se kaamt un gaht mit de Tieden, vertellt vun güstern un hüüt. So as de 101 lütten Snackgeschichten in düt Book, Geschichten to'n Högen un Sinneren.

Reimer Bull

Wi sünd all Minschen, wenn wi nakelt sünd

Lüüd rundumto

Lüüd rundumto

Dat is je wohr: ›Wi sünd all Minschen, wenn wi nakelt sünd.‹ Nu kaam ik aver jüst vun Fuerteventura, un dor süht en bloots noch Nakelte an' Strand. Nakelte vun vörn un Nakelte vun achtern. Kilometer för Kilometer! Se meent wull all, se sünd in't Paradies. Man dor weern dat man twee Nakelte un nich tweedusend! Un denn is dat je doch ok so: Na dat Paradies keem dat Feigenblatt in de Mood, vun wegen den Sündenfall un de Schicklichkeit. Den Sündenfall, den hebbt wi noch nich achter uns, de Schicklichkeit aver, de is perdu! Denn wat heet dat: Schicklichkeit? Du schallst nich glöven, all anner Lüüd möögt lieden, wat du lieden magst, un sodennig schallst du ehr nich to neeg kamen. Dat gellt nu ok för den Snack. ›Wi sünd all Minschen, wenn wi nakelt sünd.‹ Denn de Snack, de is nich för Fuerteventura dacht ween.

Lüüd rundumto

Siet dat Peter Pien en ›Ökogoorn‹ hett, kummt de Straat ut de Snackeree nich ruut. Hugo Heuer schimpt: Dien Hunnenblomen seit sik bi mi ut, dat mach ik nich lieden! Un Martha Harms schafutert: As Kruut un Röven süht dat bi di ut, kann ik krank vun warrn, vun so'n Anblick! Denn Martha ehr Blomen staht as en Wachregiment: In Reih und Glied! Ah, hett Peter meent, ›en lütt beten scheev‹, Martha, ›hett Gott leev‹. Dat is de Natur. Aver Martha hett bloots gnurrt: Wat scheert mi Gott un de Natur, manierlich mutt dat utsehn! – Un wat manierlich is, dat weet so'n Straat nipp un nau, dor hölpt ok keen Gott mehr.

Lüüd rundumto

As ik lütt weer, do wahn an de Eck vun uns Straat en Mann, de hett ›Baller-man-loos‹ heten. Dat weer aver nich sien richtigen Naam, de stunn an de Huusdöör: Richard Meier. Düsse Meier weer jümmerloos an't Schimpen, Flöken, Zackereren un Bullerballern. So is he to sien Ökelnaam kamen. Mennigmaal muß he sik na so'n Schafutern bi de Lüüd entschülligen, he harr dat nich so meent hatt. Maal keem he ok bi mien Mudder, un do hett se to em seggt: Richard, du kummst mi vör as de Oss in den olen Snack, wo dat heet: ›De Arbeid harr ik mi sparen kunnt, sä de Oss, do muß he sien egen Mist to Feld föhren.‹ Is bloots schaad, Richard, op dien Mist will nich recht wat wassen.

Lüüd rundumto

Mien Naver hett en lütten Diek in sien Goorn, dor amüseert sik Dag för Dag de Poggen in. Un jümmer wenn ik ehr quaken höör, fallt mi dat lütt Riemel vun mien Opa in: ›De Nachtigall priest jedermann, süüfzt de Pogg, na mien Leed kreiht nich Hund noch Hahn. Dor is bloots een, mit lange Been, de hett mi leev un fritt mi op vör Leev.‹ Na un wokeen is dat? fröög Opa denn. Kiek maal na de Schüün hooch, dor steiht he. Ik aver wuß nich, wat ik dat nu mit de Poggen oder den Aadbaar holen schull.

Lüüd rundumto

Annerletzt heff ik in en Book för dat richtige Benehmen leest, wenn dor maal en niesen mutt, denn schall en nich mehr seggen: Proost! Gott hölp! Gesundheet! Dat gellt nich för vörnehm. Hüüt schall en dor överweghören. Dat weer bi unsen Opa aver gor nich so licht to ween. Opa, wenn de dat Pruschen anfung, denn weer dat so gewaltig, dat uns Oma sik jümmer verfehr un reep: Gottsverdorri! ›Gesundheit, dat se rumgeiht un se all wat afkriegt un ik nich överbliev!‹ Un sowat schall en nu nich mehr wünschen? Wegen de Vörnehmheit? Ik nehm an, uns Oma worr seggt hebben: ›Nu pedd di man keen Klavier in de Hacken!‹

Lüüd rundumto

Dat gifft Lüüd, wenn de dat Snacken anfangt, denn kann dat natt warrn. Wi harrn maal en Ingelschlehrer, wenn de in uns Klass de Regen op un daal gung un vertell dorbi, denn hebbt wi jümmer liesen unsen Vers opseggt: Mr. Kerber spricht Englisch perfekt, indem er seine Schüler mit Spucke befleckt. Harr ik do al den olen plattdütschen Snack kennt, denn harrn wi ok seggen kunnt: ›He spiggt bi sik rum, dor kann en Muus versupen.‹ Mit dat Spiegen hebbt se dat hatt, de Plattdütschen, wenn en den annern nich lieden much, denn hett he draut: ›Ik spieg di in de Ogen, dat du versuppst oder acht Daag ünner Water steihst.‹ Dat allerdings hett unsen Lehrer uns nich andoon, he much uns lieden un wi em ok.

Lüüd rundumto

Wat Peter Hölting is, de meent jümmer, all Lüüd hebbt wat gegen em. Sodra du mit em in' Snack kummst, dat duurt nich lang, un he fangt sien argdenkern Fragen an: Hest du wat? Du kickst so? Un liekers en denn seggt: Ik heff nix. Peter meent: Wenn du man nich doch wat hest. Maal hett Hans Mohr em op de Straat nich sehn hatt, do hett Peter ropen: Du löppst an mi vörbi, driggst de Nees so hooch, hest du wat? Heff ik, hett Hans lacht, ik heff mi ut mien Vadder sien ool Büx en West maken laten, nu kann ik mi nich an den Geruch gewöhnen! Man Peter hett nich lachen kunnt, Hans aver hett dacht: ›En Minsch, de nich lachen kann, de geiht in den Düwel sien Schadden.‹

Lüüd rundumto

Werner Hansen, wenn de en Beer un en Kööm toveel hett, denn rutscht em de Verstand in de Buddel, un he fangt dat Strieden an. Dor kann sien Stammdisch en Leed vun singen. Un wenn de em ok noch Wedderwöör gifft, denn kann Werner so füünsch warrn, he zackereert un schafutert, dat em de Damp ut'n Hals treckt. Maal aver, as he so op Peter Numsen daalgung un de geruhig tohöör un sweeg, do stutz Werner un reep: Wullt du dor nix to seggen?! Tscha, Werner, hett Peter meent, wenn du wat hören wullt, dennso will ik di man seggen: ›Wokeen sik an' Esel schüürt, de kriggt Haar vun em.‹ Un dien Haar, de will ik nich hebben.

Lüüd rundumto

Momme Mommsen süht jümmer so muffelig ut, ›mit sien Gesicht kann he Rotten un Müüs bang maken‹. Wo kummt de Minsch nu bloots to so'n muffelige Snuut? Forschers hebbt je rutfunnen, an allens sünd uns Gene Schuld an, uns Erbanlagen. Is to'n Bispill ener bloots jümmerto glücklich un tofreden, denn liggt dat an dat ›Glücksgen‹, wat mank sien Erbanlagen sitt. Dennso mutt en nu wull annehmen, mank Momme Mommsen sien Erbanlagen sitt en ›Muffelgen‹. Junge, Junge, schull dat würklich so ween, dat wi för nix wat mehr köönt? Wenn dat man stimmt.

Lüüd rundumto

Dat gifft je Lüüd, de möögt sik geern wiesen. Un wenn se denn bavento dat Koken as Hobby hebbt, so as Hans un Erika Schnoor, denn laadt se ehr Navers to Eten in, an' Avend, süß Gänge, ›gemütliches und stilvolles Zusammensein‹, as Erika dorto seggt. Denn sitt en dor un töövt op de Gänge. Vun de Gastgevers is nich veel to sehn, de hebbt ehr Vergnögen in de Köök. Un wenn se denn mit ehr Gängen optreed, denn mööt wi bloots jümmer ›ah‹ un ›oh‹ un ›delikat‹ ropen, un se verkloort, woans en dat allens koken mutt. Mach ween, dat is ›stilvoll‹, aver nich jüst gemütlich. Nee, denn lever as dat fröher heten hett: ›Kumm vörbi op en Piep Tobak un en Mund vull Snack.‹

Lüüd rundumto

Wo heet de Snack doch: ›In't Dörp mutt en dat Muul jümmer so stellen, dat de Puckel sien Freden hett.‹ Na dat Motto leevt ok Hannes Meier. Also wat du ok mit Hannes besnacken deist, he nickköppt un seggt: So is dat! Jüst so, as du dat seggst. Ik bün ganz dien Menen! Is bloots schaad, kaamt all Navers maal op'n Dutt, un Hannes kummt dorto, denn hett he jeedeen wat anners vertellt un is mit jeedeen över wat anners desülvige Menen. Un dat deit sien Puckel amenn ok nich goot.

Lüüd rundumto

Dat gifft soveel ole Snacks, mennigmaal sünd se so oolt, en kann ehr hüüt al gor nich mehr recht verstahn. So as den Snack: ›He lacht ok man bloots to Gras un Heu.‹ Wat schall dat nu heten? Dat hett en vun quarkige Lüüd seggt, de jümmerto mit en muulsch Gesicht rumloopt un nich lachen köönt. Un wenn se maal lacht, denn man bloots tweemaal in't Johr: Wenn dat Gras anfangt to wassen, un dat tweetmaal, wenn Heuoorn is. Un wat schall heten: ›Keen Huusstand warrt lachend föhrt?‹ Denn wull de Mudder to de Dochder seggen: Deern, to Huusstand holen, dor höört Möög un Arbeid to. Anners süht dat in't Huus bald so ut, as dat in den Snack heet: ›Wo de Fulen feegt, dor lacht de Ecken.‹ Un dat kann en je wull ok hüüt noch verstahn.

›To lachen gifft dat doch jümmer wat, sä de Jung, güstern full uns Schimmel in'n Soot, un hüüt morgen bleev uns Grootmudder doot.‹ Dat höört sik nich jüst fründlich an, un de Jung hett ok wull sien Klook nich mehr. Aver wenn en gelegentlich in't plattdütsche Theoter geiht, un se speelt dor denn ok maal wat Ernsthaftiget, denn kann en meist denken, in dat Publikum sitt so'n Jungs. Dor warrt lacht, wo en wenen much. Aver wat säen de beiden olen Fruuns, as de Mann an de Theoterkass ehr wahrschuu: Vunavend gifft dat nix to lachen, vunavend gifft dat en plattdütsche Tragödie? Ah, hebbt se seggt, wi warrt al wat finnen to lachen! – Is to'n Wenen, is dat.

Vundaag seggt de jüngern Lüüd ›du‹ toeenanner, wat se sik nu kennt oder nich. Dat weer maal anners, dat ›du‹ hett en sik anboden. Bloots de Arbeiders, de hebbt jümmer foorts ›du‹ seggt. Dat weer dat Klassen-Du. Dat kann en noch ut de olen Snacks ruthören, wenn dat heten hett: ›Wat seggst du 'du' to mi, meenst du, ik bün en Arbeidsmann, oder hebbt wi al maal de Swien tosamen höödt?‹ Mank ›du‹ un ›Se‹ leep de Klassengrenz. Dat geev un gifft aver ok noch en ganz anner Grenz, un de hett ok de Börgermeister vun dat lütt Dörp kennt, as he to den niegen Paster sä: ›Bi uns in't Dörp seggt wi all 'du' toeenanner, bloots to Di, Herr Paster, to Di seggt wi 'Se'.‹ Do hett he an den Respekt dacht, un de verlangt Afstand.

Lüüd rundumto

Wat sä de ool Pingel jümmer: Plietsch mußt du ween, klook sünd se all. Aver wat heet ›plietsch‹? In't Wörterbook steiht: Plietsch – schlau, wendig. Un denn steiht dor ok noch, ›plietsch‹, dat kummt vun ›politisch‹, he is en ›politschen‹, en plietschen. – Schall dat nu heten: Politikers sünd ›schlau‹ un ›wendig‹? So is dat, seggt Pingel, du kennst doch den olen Snack: ›Politik is anners seggen as doon.‹ Schull dat wahr ween, denn geev dat je bloots ›plietsche‹ Politikers un keen ›kloke‹, dat kann ik mi meist nich vörstellen. Aver en kann dor je maal op achten, wat Seggen un Doon bi ehr tohoop paßt.

›Je duller de Kreih sik wascht, je swatter warrt se.‹ Dat kann en ok vun Telse Meier seggen. Telse kann nich leven, wenn se nich sludern kann. Kriggst du ehr aver maal vör't Brett un seggst: Telse, du sluderst över mi! denn ritt se de Ogen op un rööpt: Ik? Över di? Gott bewahre! Ik bün doch keen Snackfatt! So as Tille Dreiher! Weeßt du al, wat de annerletzt vun di vertellt hett? Nee, aver ik segg nix! Ik laat mi doch vun di nich naseggen, ik sluder. Wat ik weet, dat weet ik, un dat kann ik ok för mi beholen. – Süh, so snackt se, so wascht se sik un warrt dorbi jümmer swatter un swatter.

›Gottloff, dat ik dor twüschen rut bün, sä de Schoolmeister, do prügeln sik sien Jungs.‹ So mutt ok wull de Perfesser dacht hebben, de ünnerricht sien Studenten, un direkt vör em sitt en junge Mann, de leest de Zeitung. Dat argert den Perfesser, un he fraagt em, wat he nu lesen oder wat lehrn will. Beides, seggt de junge Mann, beides. Un all lacht se. Bloots de Perfesser, de höllt de Snuut. As he aver tu Huus is, schimpt he op de jungen Lüüd, wat de keen Manieren mehr hebbt. Aver wat en tolett, dor schall en nich över schimpen, dor mutt en för instahn, denn Rutholen, dat gifft dat nich.

Mennigmaal denkt en vun Lüüd, mit de hett uns Herrgott de Welt straaft. Wat dat nu lütte oder grote Despoten sünd, in't Huus oder in'n Staat, wat se Huus un Hoff versuupt oder Lüüd um de Eck bringt. Unsen Paster sä jümmer, wenn he op so'n Lüüd to snacken keem: ›Wenn uns Herrgott ehr nich beter kennt as ik, denn kaamt se all nich in' Himmel.‹ Tscha, dat mach ween, aver wat süüfz de ool Buur Frahm denn: ›Uns Herrgott warrt ehr wull strafen, he schall bloots eerst weten, wo se wahnt.‹

Dor is maal en lütt Mück ween, as de dat eerstmaal in ehr Leven den Lööw to sehn kriggt un höört em brüllen, do seggt se to dat Hehn, wat blangen ehr steiht: De summt aver drullig. Summen? seggt dat Hehn, de summt doch nich, de gackert, aver dat deit he op en drullige Oort un Wies. – So harr de een un anner vun uns ok wull snacken kunnt. Wo heet de ool plattdütsche Snack doch: ›Oort lett nich vun Oort un de Speck nich vun de Swaart.‹ Dor liggt dat denn ok wull an, dat so veel Unglück in de Welt is.

Allens wasst na baven, bloots de Kohsteert nich

Öllern un ehr Gören

›Allens wasst na baven, bloots de Kohsteert nich.‹ Dat harr Günther Mohr man ok insehn schullt, denn gung sien Jung dat hüüt beter. Aver wat sä Günther jümmer: Mien Jung, de schall dat maal to wat bringen un Abitur maken! De Lütt hett dor aver den Kopp nich recht to hatt, hett sik op dat Gymnasium quält un seet am Enn in de Realschool. Föhl sik nu minn, truu sik nix mehr to un bibber, wenn sien Vadder dat Schimpen anfung: Du harrst dat schaffen kunnt, wenn du dat wullt harrst! Wat en will, dat kann en ok! – Wenn dat so is, denn kann de Koh ehren Steert wull ok na baven wassen laten, se mutt dat bloots wüllen.

As ik en lütt Deern weer, sä de ool Fruu Nummsen, harr ik lange Haar, un wenn Mudder de kämmt hett un de Kamm sik dorbi verhaakt harr, denn sä se jümmer: ›Wer glatt will sien, mutt lieden Pien.‹ Un glatt schulln wi Kinner je ween, buten un binnen. De Lüüd schulln doch seggen: Wat hebbt de Öllern för feine, glatte Gören, as wenn de Katt ehr lickt hett. – Un wenn Waschdag weer, hett dat bi uns Mudder heten: ›Witt wuschen un glatt mangelt, so höört de Wäsch in't Schapp.‹ Na dat Motto hett se uns ok optrocken un is ehr nienich opfulln, dat Kinner keen Bettlakens un Dischdöker sünd.

Öllern un ehr Gören

Fröher maal do hett dat heten: ›Kinner mit'n Willen kriegt wat vör de Brillen.‹ Denn so'n Vadder oder Mudder hett meent: Junge Bööm laat sik bögen, ole nich, Kinner mööt Dwang hebben.

Hüüt geiht dat menigmaal annersrum. Wat sä de lütt Deern güstern to ehr Mudder in' Supermarkt?

Mama, ich will Bontjer!

Aver Mama anter: Nee.

Doch, Mama, Bontjer!

Ik heff seggt: Nee!

Do fangt de Lütt dat Blarren an: Ich hab' Mama gar nicht mehr lieb!

Süh, un Mama gifft ehr de Bontjer.

Tscha, dat is en Freud för de Kinner, wenn de Öllern sik goot schickt.

›Kloke Ogen seht veel, wat en kloke Mund nich naseggt.‹ As Oliver Herbrich ut de School keem, do wull he Koch warrn, so een as sien Vadder weer. Aver de Vadder hett dacht: Dor hett he de Tung nich för, dat spöör ik. Man de Mudder hett meent: Laat em dat sülm rutfinnen, he hangt an di. Un he hett dat rutfunnen, de Jung, is nu al lang Hotelkoopmann. Gelegentli kummt he bi sien Öllern to Middag, denn seggt he: Wokeen hett kookt, Mudder oder Vadder? Ik kann't nich rutsmecken, ik heff dor je de Tung nich för. Denn lacht se all. Mach ween, düt Lachen weer tweigahn, harr dat de kloken Ogen un den kloken Mund nich geven.

Öllern un ehr Gören

Wenn wi as lütte Jungs dat Eten nich muchen un stöhnt hebbt: Ik mag nich mehr! denn hett uns Mudder seggt: ›'Mag ni' is doot un opeten warrt, anners gifft dat morgen keen goot Wedder!‹ Wat aver harr dat Wedder mit dat Eten to kriegen? Gor nix. De Snack kummt vun de Kööksch. Wenn de sehn hett, all Schötteln un Tellers sünd leddig, denn hett se sik höögt un hett seggt: Wenn dat so fein smeckt hett, denn gifft dat morgen ok wat Goots wedder. Dat harrn wi as lütte Jungs man weten schullt, aver holpen harr uns dat ok nix, denn Mudder harr noch en annern Snack paraat: ›Magst' dat nich, sluck dat daal, dat is man en lütt Enn, wo't slecht smecken deit.‹

›Wenn allens enerlei is, denn is Kohschiet ok en Pannkoken.‹ Ik weet den Dag noch, as Mudder dat to mi sä. Dat weer de Tiet, ik steek deep in de Pubertät, un dat is je mennigmaal en Tostand, denn is en swoormödig un mach de Welt nich mehr lieden. Ik sä denn bloots noch: Wat schall dat allens, is doch allens enerlei. Un sä dat ok den Middag, do seten wi to Pannkoken eten. Do fohr Mudder mi an: Wenn allens enerlei is, denn is Kohschiet ok en Pannkoken. Stah op, gah op de Weid un eet dor! Süh, denn weet en, nix in't Leven is enerlei un egaal.

Öllern un ehr Gören

Dat hett maal en lütt Radel geven, dat hett heten: Achter uns Huus steiht Peter Kruus, steiht dor ahn Huut un ahn Haar. Wokeen is dat? De Kohlkopp. Ik weet noch, in' Krieg geev dat meist jeedeen Week Kohl to eten, un wenn uns Opa sik denn den Buuk mit Kohl vullslagen harr, denn süüfz he un sä: So, nu mutt ik en Stück lopen, denn ›Kohl is goot för'n Smitt, aver nich för'n Snieder!‹ Do heff ik em maal verwunnert fraagt: Opa, du büst doch gor keen Snieder. Nee, hett he lacht, aver Beamter, und de sitt ok man bloots den langen Dag op sien Stohl. Un Sitten, dat is nich goot na'n Kohleten! So is dat. Ik mutt dat weten. Ik bün Beamter worrn.

Jungs- un Deernsnaams gaht na de Mood. Fröher maal hebbt veel Jungs ›Klaas‹ heten. Nu is Klaas aver ok en Ökel- un Schimpnaam ween. Denn hebbt de Lüüd vun ›Tühnklaas‹ oder ›Klaas in de Boddermelk‹ snackt. Wokeen för'n beten dumm un tutig gell, de hett ›Klaas Mehlbüdel‹, ›Klaas Klump‹ oder ›Klaas Abendsegen‹ heten. So is dat denn wull ok to den Snack kamen, wo de Paster den Vadder fraagt: Wo schall de lütt Jung denn heten? Un de Vadder antert: ›Laat em eenfach Klaas heten, he schall maal bloots de Swien höden.‹ Schaad um den Jung, mennigmaal süht en later in't Leven achter den Naam den Minsch nich mehr.

Öllern un ehr Gören

In fröher Tieden, as ole un junge Lüüd noch ünner een Dack wahnt hebbt, do hebbt se sik fix anenanner schüürt. Dorum gifft dat ok soveel Snacks um ehr. ›Wat jung is, dat summt, wat oolt is, dat brummt. Ole Lüüd snackt vun olen Kees, junge Lüüd wüllt sik utrasen.‹ Nu aver heff ik leest, Forschers sünd de Menen, in uns Daag wüllt de Jungen un de Olen nich mehr recht wat vunenanner weten. Jedereen leevt in sien Revier, se kennt sik nich mehr. Denn mutt de Snack hüüt wull heten, wenn Jung un Oolt sik maal dreept: ›De Katt putzt sik, dat gifft noch frömde Lüüd to Besöök.‹

De Kaffee un de Leev smeckt hitt an besten

Mann un Fruu

›De Kaffee un de Leev smeckt hitt an besten.‹ Dat hebbt ok Reimer Sühl un Antje Ehlers dacht, dree Maand hebbt se sik kennt hatt, do hebbt se heiradt un weer allens en Jucheien un Dideldumdeien bi ehr. Man as denn dat eerst Göör keem un twee Johr later dat neegst, do düch em, de Kaffee is recht wat flauer worrn un hitt is he al lang nich mehr, seet nu dor, nörgel, dibber, wat sien Fruu sik man bloots noch um de Lütten kümmern worr, he aver, he worr ok kümmern, verkümmern, as he sä, wat he sik amenn annerwegens hitten Kaffee söken schull. So hett dat anfungen, een hett den annern dat Leven vörsmeten. – Wenn dat ok wahr is, de Kaffee un de Leev smeckt hitt an besten, so is aver ok wahr: Kaffee mutt en jümmer wedder frisch opsetten.

In fröher Tieden, wenn en Jungbuur friegen wull, denn hebbt de Öllern em raadt: ›Frieg övern Mist, denn weeßt du, wat du kriggst. Söök di en Fruu in' Stall un nich op'n Ball.‹ Dor kann he hüüt lang söken, de junge Buur, dor findt sik nich veel Deerns, de Lust op Mist un Stall hebbt. Un so geiht mennigeen Hoff ut de Familie. De junge Mann denkt: ›De nich heiraadt, genött dat Leven man half‹, un he will doch ok dat ganze Leven. So löppt dat op den olen Snack op rut: ›Lever Koh un Kalv verloren as en gude Deern.‹

Mann un Fruu

Wat Friedrich Martens is, wenn de vun sien Fruu Sabine dat Eten op den Disch stellt kriggt, hett he dor alltiet wat an uttosetten. Is he aver maal mit ehr annerweegs to Eten inlaadt, so as güstern bi Elsa Peters, denn swöögt he: Ah, Elsa, so'n Rindsbraden as dien, so zaart, so rosig, heff ik lang nich hatt! Do hett Sabine dat langt, un se hett to Elsa seggt: Harrst du em rode Klinkersteens vörsett, harr he ok swöögt: Wo rosig, wo zaart! Denn Friech itt na dat Motto. ›Dat Eten ut anner Lüüd Schötteln smeckt alltiet an besten.‹ Do mi en Gefallen, Elsa, laat em 14 Daag bi di eten, denn smeckt em dat villicht ok maal bi mi!

Dat gifft Snacks, över de is de Tiet weggahn. Aver Rudolf Bünz meent jümmer noch: ›En Fruunsminsch ahn Schört süht ut as en Huus ahn Döör.‹ Un dor meent he sien Fruu mit. Nu hebbt wi so'n schöne Wahnung, klaagt he, hebbt en Köök mit allens binn, wat in de Köök höört, bloots mien Fruu, de kannst dor nich in finnen! – Tscha, se geiht to Arbeid, as he; kummt an Avend matt un mööd na Huus, as he; lett sik op dat Sofa fallen, as he sik in den Sessel, un fraagt as he: Wat gifft dat to eten? Süh, un denn kummt Rudolf mit sien Snack. ›En Fruu ahn Schört süht ut as en Huus ahn Döör.‹ Wat schall en dor nu to seggen?

›Wat Gott natt maakt, dat maakt he ok wedder dröög.‹ Bi so'n Snack dachen de Buurn an Regen un Sünnschien, Korl Schnoor aver an Beer un Kööm. In de versuppt he all Viddeljohr, krakeelt in't Huus, Fruu un Kinner mööt mennigmaal utbüxen. Is he aver wedder dröög, kummt he bi sien Fruu un seggt: ›Wenn Gott Seelen will, mutt he den Sünner vergeven.‹ Do du dat man ok! – Do hett se den enen Dag seggt: Wi wüllt keen Seel, de Kinner un ik, wi wüllt en Vadder un'n Mann! Is gahn un nienich wedderkamen.

Wo heet de Snack: ›Wenn he vun dat eerstmaal Legen storven weer, denn leev he al lang nich mehr.‹ As Gustav Meier frisch verheiraad weer, hett dat nich lang duurt un he is övern Tuun hüppt. Do is sien Fruu maal argdenkern worrn un hett fraagt: Hest du noch en annere? Süh, hett Gustav dacht, in jeedeen Ehe kummt maal de Stunn vun de Wohrheit, nu heet dat: legen, legen, legen! Un he hett lagen. Dat is teihn Johr her, un he leevt un lüggt jümmer noch. Dat gifft Lüüd, wenn se dat Muul opmaakt, leegt se, un wenn se dat wedder tomaakt, hebbt se lagen.

Wenn de Plattdütschen vergnöögt sünd, denn seggt se, se sünd ›kandidel‹. Aver wo kummt dat Woort nu her? In't Lexikon steiht, dat kummt wull vun dat latiensche ›candidus‹, heiter, in Verbindung mit dem volkstümlichen ›Diedeldei‹ als Ausdruck freudiger Stimmung. Man denn steiht dor ok noch, en kann seggen: ›he oder se is an't kandideln.‹ Nanu, heff ik dacht, wat schall dat denn heten: Kandideln? Un wat lees ik in dat Lexikon? ›Kandideln‹, außerehelicher Beischlaf. Na, denn weet wi dat je nu nipp un nau, worum mennigeen so kandidel is.

›Den Mann sien Moder is den Düwel sien Ünnerfoder.‹ Dor kann so mennigeen Fruu en Leed vun singen, denn dat gifft Mannslüüd, de söökt sik ehr Fruu na dat Motto: ›Wenn ik ehrer west weer as mien Vadder, harr ik mien Moder friet.‹ De Moder hett den Jung je jümmer fein bepüttjert hatt, un dat verlangt he nu ok vun sien Fruu. Se schall koken as sien Moder, dat Huus regeren as se, un wenn se to Arbeid geiht, will he dor keen Schaden vun hebben. Wenn dat ok wohr is, ›jede Moder hett dat leevst un schöönst Kind‹, so is aver ok wohr, en Mann is keen Kind un schall to sien Fruu nich ›Mama‹ seggen.

›Jung un jung höört tosamen, en junge Wiev an' olen Mann mutt verklamen.‹ Dat hett ok Peter Witt to weten kregen, de wull mit 64 partout noch maal en junge Fruu friegen. Man as dat so geiht: Wull se to Danz, harr he dat in't Krüüz. Do sünd se wedder uteneen. Nu aver is he frisch verheiraadt. Mit Erna Thomsen. De hett seggt: Ik 66, du 66, glieke Johr gifft en gudet Paar. Un Peter seggt nu: Wenn se ok en ole Katt is un ik en olen Kater, aver ok de möögt söte Melk. So is dat. Ahn de Leef vergnegelt dat Hart.

Wat sä de ool Hans Hinnerk jümmer, wenn he sik över sien Fruu argert harr: Se will nich so, as ik wull will, uns Harmonie geiht in de Grütt! Un gnurr denn: ›As ik mien Fruu kennenlehrt heff, harr ik ehr opfreten kunnt, nu deit mi dat leed, dat ik dat nich doon heff.‹ Vundaag worr mennigeen vun uns nu wull seggen: Wat argerst du di, Hinnerk, laat di scheden, nix höllt op ewig, Lebensabschnittspartnerschaft! Man to Hans Hinnerk sien Tiet weer sowat nich Mood, do gung dat noch na dat Woort: Bis daß der Tod euch scheidet. Un dat kunn duern. Aver jüst dor leeg ok en Chance in, denn de een un anner hett dat ünnert't Leven doch noch klook kregen: An' Heven un op de Eer ›hett jede Wind sien Gegenwind‹. Un dat is de Harmonie.

Wat Ernst Peters is, de liggt siet teihn Daag mit Grippe in't Bett un is jümmerloos an't Nörgeln un Dibbern, dat Eten smeckt em nich, de Dokter döggt nix, sien Medikamenten slaagt nich an; un wenn sien Fruu em trösten will, blafft he: ›De Gesunne weet nich, woans en Kranken tomoot is.‹ Laat mi! Do hett se den enen Dag trüchblafft: Wenn ik di laten schall, kann ik man foorts dat ool Leed singen: ›Gott Dank, mien Mann is krank! Nu freut sik all de Buurn, se meent ik schall en wedder nehmen. Dor köönt se lang op luurn!‹ Ik will vun nörgelige Mannslüüd nix mehr weten! So, un nu mark di: ›Krankheit kümmt to Peerd un geiht to Foot!‹ Wees gedüllig!

›Dat Oog will ok wat hebben, sä de Blinne, do nehm he sik en smucke Fruu.‹ Un Alma Mohr sä to ehren Jung, wat de Blinne kann, dat kannst du ok. Denn de Jung sitt in' Rullstohl, siet dat he mit dat Auto vun de Straat afkamen is, kummt dor ok nich mehr ruut, is aver je jung, wünscht sik en Fruu to heiraden, waagt dat nich un versackt in de Düsternis. Nich kieken könen un nich lopen könen, seggt sien Mudder, dat is nich allens in de Welt. Wi sett en Annonce op. Deit dat. Nu sitt he dor un töövt…

Mann un Fruu

Dat hett Tieden geven, do kunn nich jedereen lesen. Dorum hett de ool Snack ok heten: ›Em is bi't Lesen dat Swatte in' Weg.‹ Nu is dor aver maal en ool Fruun ween, de schull starven, un do seggt se to ehren Mann: Vadder lees mi ut de Bibel vör. Do nimmt de Mann de Bibel to Hand un fangt luud dat Lesen an: Denn is dat maal witt, seggt he, denn is dat maal swatt, denn is dat maal witt, denn is dat maal swatt. Un so jümmerto. Na'n Tietlang süüfzt sien Fruu: Och, Vadder, wisch mi doch de Nees maal af, wat is dat doch eenmaal tröstlich, wenn du mi so fein ut de Bibel vörlesen deist. Süh, wat de Kopp nich kann, dat kann dat Hart jümmer noch – un wenn't dat Lesen is.

Dörch de Welt kaamt wi all, bloots nich all liek goot

Broot un Noot

›Dörch de Welt kaamt wi all, bloots nich all liek goot.‹ De een hett dat rieklich, den annern reckt dat Hemd nich övern Achtersten. Un dorum hett dat ok soveel Snacks geven, wo de arme Mann sik mit trösten schull. Denn hett dat heten: ›Vergnöögt un keen Geld is en Gnaad vun Gott. Wer Gott vertraut un en Swatten kaut, hett jümmer dicke Backen, denn Gott is den Armen sien Vörmund.‹ Nu warrt en aver vun so'n Snacks nich recht satt vun, un desterwegen hett so mennigeen lütt Deern un Jung murrt: ›Allens goot, wat Gott gifft, aver wat Mudder gifft is beter‹, denn dat kummt op'n Teller.

In fröher Tieden hett dat bi uns veel Lüüd geven, de harrn nich jümmer wat to eten, mennigmaal muß Broot langen. Denn hebbt se seggt: ›En Piep Tobak verdrifft de Grillen, un en Knuust Broot kann Hunger stillen. All Unglück is jümmer noch goot, hett en dorbi man Broot.‹ Dorum hett dat vun frisch Broot ok heten: ›Frisch Broot is en Deef in't Huus‹, dat leet sik nich spaarsaam snieden. So kann en denn ok begriepen, dat en goot Tüügnis bi de Arbeiders ›Brootbreev‹ heten hett, denn för'n goot Tüügnis geev dat Arbeid un för Arbeid Broot.

Broot un Noot

Fröher maal hebbt de Lüüd vun den Sünndag seggt: ›To Sünndag höört witten Sand vör de Döör un wat Witts um den Hals.‹ An'n Sünndag geev dat ok dat beter Eten, dorum hett ok so mennigeen süüfzt: ›Ik wull, dat Sünndag weer un Eten un Drinken mien Handwark.‹ De rieke Mann hett so'n Süfzen nich nödig hatt, vun em hett dat heten: ›De all Daag fiern kann, fraagt nix na'n Sünndag.‹ Wer aver keen Penn op de Naht hatt hett, de muß ›ok sien Sünndag to'n Warkdag maken‹, man Sünndagsarbeid bringt keen Segen. Wat aver je nich för den Paster gellt, denn ›den Paster sien Sünndag, dat is de Mandag.‹

Bi de Plattdütschen hett dat Woort ›Volk‹ mennigmaal en ganz anner Bedüden hatt as vundaag. Wenn do en sä: ›He hett en nee Volk in' Deenst kregen‹, denn hett he mit ›Volk‹ niege Knechen un Deenstdeerns meent. Deswegen hett dat Bett, wo de Knechen un Deenstdeerns in slapen hebbt, ok dat ›Volksbett‹ heten. Un wenn dor en Buur an sien Volk spaart hett, denn hebbt de Lüüd seggt: ›He gifft sien Volk nich noog in' Putt‹, he mutt sik nich wunnern, wenn dat bi de Arbeid flau warrt. Bloots ›mit en good Volk is good dohn‹. So hett dat fröher maal heten. Allerdings wenn en sik hüüt de Welt bekickt, denn kann en denken, so mennigeen vun de Lüüd, de an't Regeren sünd, süht dat Volk jümmer noch as Knechen un Deenstdeerns an un gifft ehr nich noog in' Putt.

Broot un Noot

In de olen Tieden harrn de Schoolmeisters nich veel in de Melk to krömen, dorum hett dat heten: ›Wenn de Müüs in den Schoolmeister sien Brootschapp kiekt, loopt ehr de Tranen langs de Backen.‹ Dat weer je so, de Lüüd hebbt dacht: ›En Schoolmeister verdeent sien Geld bloots mit'n Mund, dor kann he nich veel för verlangen.‹ Un so hebbt se denn ok seggt: ›Blifft en Schoolmeister doot, lett he nix na as Böker un Kinner.‹ Dat hett aver ok kloke Lüüd geven, de hebbt wußt: ›En goden Bullen un en goden Schoolmeister, de sünd veel weert för'n Dörp.‹ Un schüllt se ehr Arbeid maken, denn mööt se goot in't Fudder stahn. Do hett ok de Lehrer wat mehr in't Portemonnaie kregen.

Dat gifft veel Snacks över de Fulen un de Fliedigen. De Fule seggt: ›Stöhnen is de halve Arbeit.‹ Un de Fliedige schimpt: ›Mennigeen socht Arbeit un dankt Gott, wenn he keen findt.‹ So worr snackt, aver so kann en bloots snacken, wenn dat ok Arbeit gifft. ›Dor sitt en Masse Arbeit in de Minsch‹, hett dat maal heten, ›dat kummt dor bloots nich ümmer rut.‹ Hüüt worrn veel Lüüd Gott danken, wenn se de Arbeit ut sik rutlaten kunnen un se kunnen ropen: ›Geduld, liebe Seele, morgen is Pannkokendag!‹ Aver denn mutt dat ok maal Pankoken geven un Arbeit!

Broot un Noot

In mien Kinnertiet geev dat in uns Stadt en Kroog, de hett de ›Monarchenkroog‹ heten; dor kehren jeedeen Johr to Oorntiet de ›Monarchen‹ in, dat weern ›Wanderarbeiders‹. Monarchen hebbt se heten, wieldat se ut all Lannen kemen, un dat weern in fröher Tieden je ›Monarchien‹ mit Könige un Kaisers, so hebbt de Lüüd seggt: De kaamt vun allerhand Monarchen her. Wenn de Monarchen keen Arbeid harrn oder se harrn dor keen Lust to, denn sünd se över de Dörper trocken un hebbt bedelt. Dat muchen de Lüüd nich lieden, dorum hebbt se meent: ›Den Armen giff en Broot, den Monarchen en mit'n Foot!‹ Bloots de Paster hett predigt: ›Vör Gott gellt en Eddelman nich mehr as en Beddelmann.‹ Dor sünd de Monarchen aver ok nich recht satt vun worrn, vun so'n Predigt.

In lege Tieden weer en Swien mennigmaal mehr weert as Geld. Dorum hebbt de Snacks ok heten: ›Wat is beter: en lütt Swien an' Strick oder en groot Spoorkassenbook?‹ En hett ok seggt: ›En Swien in' Stall is beter as en groot Verwandtschop‹, denn op de kann en sik je nich jümmer verlaten, wenn Hölp nödig is. Hölpers hett en ok to'n Slachten bruukt. Dor hett aver nich jeedeen Lust to hatt un is eerst kamen, wenn dat Swien schier an de Ledder hung. Denn hebbt de annern schimpt: ›Du kummst ok eerst, wenn dat Swien witt is.‹ So'n Snacks vertellt vun de Tieden, un se gaht mit ehr verloren.

Broot un Noot

Wenn en arme Deern un en armen Mann heiraden wullen, un se harrn rein gor nix in de Melk to krömen, denn gung mennigmaal en ool Fruu ut' Dörp mit de Deern vun Döör to Döör un sä düssen Vers op: Ik beed för en arme Bruut, ik beed för Wull to Strümp un Dunen to'n Bett, to Backen un Koken en Stückchen Speck un Bookweten to Grütt un wat is sunst noch nütt! Denn geven de Lüüd wat, denn över ehr Dören stunn de Spruch: ›Wenn en Armen steiht vör de Döör, denke Du, Jesus steiht dor vör.‹ Dat is lang her. Hütigendaags steiht nix mehr över de Dören, hüüt mutt dat Sozialamt för Jesus inspringen.

›Ole Lüüd gaht vör, sä de Jung, do stött he sien Vadder ut de Luuk.‹ Dat heff ik as junge Mann to mien Vadder ok maal seggt, sä Rudolf Meiners. De Ool wull nich vun' Hoff. Man jümmer, wenn ik dat Drängeln anfung, gnurr he: Tööf dat af, to Buurspelen höört Verstand to, un de kummt nich vör fofftig. Do bün ik Ingenieur worrn. Bün nu 55 un schall in' Vörruhestand. Ik will nich, aver mutt. Drullig, wo ik doch jüst siet fief Johr to Verstand kamen bün.

Meisto 20 Johr hett Robert Bohnsack sien Arbeit in de Fabrik hatt. Man nu warrt de verkofft, geiht op in en anner Fabrik, warrt fusioneert. Dat schall ehr de Tokunft sekern. Man Robert un en Dutten anner Fruuns- un Mannslüüd kaamt dorbi op de Straat to sitten. Dat höört dor nu maal to, to dat Sekern vun de Tokunft, seggt de Firma. Tscha, wo heet dat in den olen Snack: ›Dat is man en Övergang, sä de Aadboor to den Pogg, do sluck he em över‹ un hett dorbi an sien Tokunft dacht, denn satt mutt he je warrn, de Aadboor. Is aver je en Jammer, wenn ut Robert Bohnsack nix as en Pogg warrt ...

Dat gifft so Snacks, in de warrt vun dat Leven vertellt, as wenn dat Leven so'n Stück Natur is. Denn heet dat: ›Glück un Noot gaht ehrn Gang as Ebb un Floot.‹ Schall dat nu heten, wi köönt för dat Glück un gegen de Noot nix doon, so as wi nix an Ebb un Floot ännern köönt? Nu hett aver doch in't Leven allens sien Grünnen un Oorsaak. Sülm Ebb un Floot hebbt ehr Oorsaak. Schull en denn bi Glück un Noot dor nich ok maal na fragen könen?

Wenn ut Kohschiet Bodder warrt, dat döggt nix

Stiegen un Fallen

Wat Adolf Mahn is, de sitt in't ›Bauamt‹, un dor gefallt em dat, denn all Lüüd wüllt wat vun em, un so mennigeen smeert em fix Honnig um' Boort. Dat mach Adolf lieden, un dat is em to Kopp stegen, he meent, dat mutt nu jümmer so gahn. Un as dor den enen Dag en Mann kummt, de will buen un meent, dor worr je wull nix in de Weg stahn, do antert Adolf bloots knapp: Wat in de Weg steiht oder nich, dat överlaten Se man mi! Do hett de Mann lachen mußt un hett ropen: Oha, nee, dat wüllt wi dat Gesetz överlaten! Dat much Adolf nich hören, nu mutt de Mann töven, denn Adolf höört to dat Slag Lüüd, vun de dat heet: ›Wenn ut Kohschiet Bodder warrt, dat döggt nix.‹

Wo heet de Snack doch: ›Lütte Pött kookt licht över.‹ Dat kann en ok vun Ferdinand Möller seggen. Siet dat Ferdinand Abteilungsleiter worrn is, is he all Ogenblick an't Överkoken, is an't Schimpen un Rumkummanderen mit sien Lüüd. Opleevst worr he allens sülm maken. As Ferdinand noch de tweet Mann in de Abteilung weer, do weer he en vergnögten un feinen Mitarbeiter. Nu aver, wo he de eerst Mann is, nu markt he dat: Sien Putt is to lütt för dat, wat dor nu jeedeen Dag rin höört: den Kopp hinholen un instahn för allens, wat in de Abteilung passeert. Süh, un dor is Ferdinand bang vör, un dorum is he ok jümmerto an't Överkoken.

Stiegen un Fallen

Peter Dohrn kann dat Sticheln bi de Kollegen nich laten. Man as he den enen Dag to Korl Hansen sä: Korl, dien Gedankenreichtum, de is jüst so üppig as dien Haarpracht, is bloots schaad, du hest en Glatze, un as Korl do giftig worr, do hett Regine Meier seggt: Reeg di nich op, Korl, gegen en Foder Mist kann en nich anstinken. Siet den Dag heet dat in de Firma bloots noch, wenn Peter dat Sticheln wedder anfangen will: Wullt du wat seggen oder bloots Mist utstreun? Dat mach he nich hören, denn höllt he de Snuut. As dat so geiht: ›Mennigeen stichelt so lang, bit em sülm de Nadel in't Hart stickt.‹

›De twee Daler utgifft, ehrer he een verdeent hett, is en Narr.‹ So sä uns Oma dat, un so sünd wi groot worrn: Eerst warrt spoort, denn warrt utgeven. Wat en sik nich leisten kann, dat kann en ok nich kopen. Man as ik dat annerletzt en Mann vertell, de Autos verkopen deit, do lach he un sä: Gah mi af mit dien Oma un ehren Snack, denn kunn ik morgen Konkurs anmellen. Nee, hüüt heet dat: Kredit is beter as Geld! Tscha, un nu, ik meen, wokeen is nu de Narr?

Stiegen un Fallen

Geld kann Geld verdenen, dat süht en je jeedeen Avend in't Fernsehn, wenn dor de Aktien jümmer höger un höger kleddert. Wat is dat doch för'n feine Kurv, hett do ok Hein Möller dacht, geiht hen, lööst sien lütt Spoorbook op, kofft Aktien un seggt to sien Naver Schütt: Kiek di de Kurv an, mit de kleddert nu ok mien Geld in de Hööchde! Man Aktien köönt ok fallen, un as se dat doot, do hett Hein miteens weniger as tovör un fangt för dull dat Schimpen an. Allens Lug un Bedrug, schafutert he bi Schütt, aver de seggt: ›To'n grote Büx höört ok en groten Mors to‹, un den hest du nich hatt.

Mennigeen Minsch versocht sien Glück un gründt en egen Firma. Dat dä ok Peter Holtmann. Man as nu Geld in de Kass keem, verwessel Peter Umsatz mit Gewinn, leev brutto för netto, denn nu weer he je ›Unternehmer‹ un wull wat gellen. He trock de Spendeerbüx an, speel sik op, weer amenn sogoor Präsident vun so'n lütten Footballvereen un kunn sik nich satt sehn an sien egen Naam, de stunn op de Trikots vun de Spelers. Man do weer he ok al pleite. He harr man den Snack kennen schullt: ›Lever mit'n Stock in de Hand op'n Hoff trecken un in de Kutsch wegfohrn, as in de Kutsch vörfohrn un mit'n Stock in de Hand aftrecken.‹

Stiegen un Fallen

Veel Lüüd meent, dat gode Leven steiht ehr to. Se möögt dor man bloots nix för doon. För ehr schall dat in't Leven so togahn as in't Werbefernsehn, dor bruukt en sik bloots wat wünschen, bumms, hett en dat ok al: 'n schöön Tass Kaffee, en fein Auto, 'n smucket Huus. Un en bruukt dor keen Geld för, vun Arbeid un Möög warrt nix vertellt. Fröher maal hett dat heten: ›Gott gifft de Goos dat Gras, aver se mutt plücken, dat ehr de Oors bewert.‹ Vundaag meent mennigeen, Gott is em nich bloots dat Gras schüllig, he schall man ok glieks dat Plücken un Bewern övernehmen. So hett Gott sik dat aver wull nich dacht hatt.

As Ludwig Reiners 250 000 Mark in' Lotto wunnen harr, do reep he: Nu hebbt wi utsorgt, Mudder! Dat Huus warrt utbuut, dat Möbelmang kummt niet, ik will nu op en Waterbett slapen, un du kriggst dien egen Auto! Den Rest aver, Mudder, den leggt wi an, denn köönt wi vun de Tinsen leven. Man wo heet dat in den olen Snack: ›Eier in de Pann gifft Koken, aver keen Küken‹. Dat Geld weer meisto futsch, un de Tinsen vun den Rest weern ›peanuts‹. Dunnerwedder, staun Ludwig, 250 000 Mark, Mudder, sünd doch recht wat weniger, as ik dacht heff. Mit de Küken warrt dat nix, aver en schönen Koken hebbt wi hatt.

Hein Lüders wull partout in sien egen Huus wahnen. Do gung he na de Bank un wull sik Geld lehnen. Wenn du spaarsaam leven deist, hett sien Bank to em seggt, günnst di sunst nix, denn kann dat so jüst un jüst klappen mit en Kredit. Un he fung dat Buen an, trock in un muß foorts wedder uttrecken, do harr he sien Arbeid verloren un keen Penn mehr. As nu aver Guschi Möller sik en Huus buen wull un geiht na de Bank, do seggt de: Wi hebbt en billigen Konkurs an de Hand, Hein Lüders sien Huus. Un Guschi nimmt dat. So kann't gahn: ›De een sleit den Haken in de Wand, un de anner hangt sien Hoot dor an.‹ De Bank aver, de hett an Haken un Hoot verdeent.

Schull ik doch ok maal so koppheister gahn un bankerott maken as Willi, süüfz Rudi Jens, denn worr mi dat wull beter gahn. Aver ik huuk hier in mien Kroog, verkoop Beer, Kööm un Bruuswater, kaam knapp över de Runnen, un Willi sett sien Kiesgeschäft in' Sand. Sien Lüüd staht op de Straat, he aver resideert an de Costa del Sol in sien Villa, fohrt mit'n groten Wagen spazeren, seilt de Küst lang un leevt sien Geld. Wat natüürlich nich em tohöört, höört allens sien Fruu to, un de hett dat Geschäft nich tohöört. Naja, dorum heet dat denn ok wull: ›Vun Verdeenst kann en leven, vun Bedrugg Staat maken.‹

Stiegen un Fallen

Ik heff nix gegen spoorsame Lüüd, sä Korl Holler, aver Giezknüppels, de kann ik op'n Dood nich af! Un vertell nu vun sien Naver Heinz Meier. De weer so giezig, sä Korl, de kunn sik argern, wenn he an Avend Besöök kreeg un he muß dat Licht anmaken. Sien Fruu hett he na dat Motto utsocht: ›En arme Fruu kann en jüst so argern as en rieke‹ un hett na Geld friet. Do harr he soveel Dalers op'n Hupen, he kunn sik dor de Been in breken. Aver as dat so heet: ›De Giezige kriggt den Hals nich ehrer vull, as bit he em vull Eer hett.‹ Güstern is Heinz Meier storven, denn is he nu wull ok tofreden.

As Otto Lange dootbleev, hett sien Söhn Oliver dat Geschäft un en groten Dutt Geld arvt. Dor hett de Jung lang op luurt, hebbt de Lüüd seggt, för de Arbeid is he nich so dull, he höllt dat mehr mit den Snack: ›Arven bringt keen Quesen an den Hannen.‹ Dorum hett he in dat Geschäft ok foorts en Geschäftsföhrer insett. He sülm hett sik en feinen Dag maakt, hett dat Geld tellt un schimpt, wenn em dat to wenig düch. Denn nehm he sik den Geschäftsföhrer vör, de aver seet dor un hett bloots dacht: ›Schaad, mennigmaal is Arvgoot nix as Verdarvgoot.‹

Wenn Horst Bollmann sik över wat argert, denn röppt he: So wat hett dat doch fröher nich geven! Un reep dat ok, as he sik en lütt Huus buut harr un sien Fruu in de Wahnstuuv de eersten Gardinen opsteken wull. Do weern de op dat een Enn vun de Stuuv veer Zentimeter to kort un op dat anner Enn veer Zentimeter to lang. Hest du verkehrt meten? schimp Horst. Aver nee, dat harr se nich, denn as he nu an't Nameten geiht, do hett de Deek vun de Stuuv Gefälle. Veer Zentimeter. Un Horst fung dat Flöken an: So wat hett dat doch fröher nich geven, so'n Muurmannsfusch! Dat hett dat aver wull doch, anners geev dat den olen Snack nich: ›Den Muurmann sien Sweet is düür, dor warrt Afkatendinte vun maakt.‹ So is dat. Denn wat seggt Horst Bollmann: Mit de Deek gah ik vör Gericht! Ik sitt doch nich ünnern Gefälle!

Arbeiders un Angestellte sünd fraagt worrn, wat se vun ehr Chefs holen doot. Könen doot se wat, hebbt se antert, aver föhren köönt se nich. ›Deutsche Chefs qualifiziert, aber nicht kollegial‹, so stunn dat in't Blatt. Mennigeen Chef schall sien Lüüd jümmer noch as ›Untergebene‹ ansehn, snackt vun baven na ünnen mit ehr un mach dat nich lieden, wenn se anner Menen sünd as he un dat ok noch seggt. Nanu, heff ik dacht, dat höört sik je meist so an as in den olen Snack, wo de Buur seggt: ›Wenn ik en Knecht meedt heff, denn will ik keen Herrn in't Huus!‹ Un ik heff jümmer dacht, Knechens gifft dat nich mehr, vundaag sünd dat Mitarbeiders.

Mi hebbt se annerletzt op'n Parkplatz twee Bulen in't Auto fohrt. En ›he‹ oder'n ›se‹. Aver ehr Visitenkort, de hebbt se nich dorlaten. Se hebbt wull dacht: ›Woto is dat Unrecht dor, wenn dat nich bruukt warrn schall.‹ Un sünd afhaut. Ik heff jümmer meent: ›Wer Schaden deit, mutt Schaden betern‹, aver jümmer mehr Lüüd ›hangt ehr Geweten an de Wand‹; denn mutt en sik ok nich wunnern, wenn so'n Geweten mit de Tiet jümmer grötter warrt un is amenn so groot, ›dat en dor mit en Veerspänner in wennen kann‹, un is in de Welt keen Reeg un keen Recht mehr.

Bi Rudolf Bünz geiht dat Leven na Klock. Wat he ok deit, he maakt dor en ›Termin‹ vun. ›Zeitmanagement‹ seggt he dorto. Kann en mit de Klock umgahn, seggt he, kann en ok mit de Tiet umgahn. Is bloots drullig, he hett nie Tiet. All Ogenblick piept sien Armbandklock. Denn springt Rudolf op, röppt: Termin! Wi snackt en annermaal! Ik mutt loos! Do hett Korl Denker maal to em seggt: Rudolf, ›de Klock is för de Dummen, de kloke Mann kann vun sülm mit de Tiet umgahn.‹ Rudolf hett em verbaast ankeken un hett fraagt: Wat schall dat denn heten? Nehm di de Tiet un denk dor över na, hett Korl seggt, aver Rudolf hett op de Klock keken un hett ropen: En annermaal!

Stiegen un Fallen

As dat noch keen Klocken geev, hett de Minsch de Tiet na de Natur indeelt. De Sünn leet dat Morgen, Middag un Avend warrn, Vörjahr, Sommer, Harvst un Winter. Denn aver keem de Klock op, do gung dat denn je na Minuten, Stunnen, Daag un Weken. Nu kunn sik aver nich jedereen en Klock leisten. Wat hebbt de nu maakt? Wenn he ok keen Klock harr, de arme Mann, so harr he doch sien Piep un Tobak. Un de Piep, de weer mennigmaal sien Klock. Wenn em en fraagt hett: Wo wiet is dat noch bit dor un dor? denn hett he antert: ›En gode Piep lang.‹ Oder: ›Dor mußt du so dree veer Piepen för reken.‹ Un wenn an't Enn de Klock vun sien Leven aflopen weer, denn hebbt de Lüüd seggt: ›Nu is ok em de Piep utgahn.‹

En' övern Dumen drinken

Biller op Platt

De plattdütsche Spraak is vull vun Biller. Wokeen sien Geldschiens tellt, de ›schufft ehr vör'n Dumen‹, un hett he dor rieklich vun, vun de Schiens, ›denn hett he fix wat vör'n Dumen.‹ Will he ehr aver nich utgeven, ›denn mach he den Dumen nich rögen‹, un is he en Giezknüppel, ›denn sett he den Dumen op den Büdel‹. Wat aver schall nu heten: ›En' övern Dumen drinken?‹ Denn geiht de Buddel rum, un jedereen dörft bloots soveel drinken as de Dumen breet is. Suppt he mehr, denn mutt he en' utgeven, ›denn mutt he sien Dumen spelen laten‹. Wat sünd dat doch för schöne Biller!

Wat kann de Spraak nich allens, wat Fernsehbiller nich köönt. Se kann op hunnert Oorten vertellen, woans en to Bett gahn kann: to Puuch, to Klapp, in de Fall; en kann in de Flöhnkist stiegen oder rop in den Feddernhorst; en kann Eiapopeia gahn, to Feddernball oder achter de Luken un de Gardien totrecken. Wat hebbt de Lüüd maal seggt, wenn den annern de Luft utgung: ›Puus em en beten Wind in den Hals, denn kümmt he ok wedder op de Been.‹ Sodennig laat uns vertellen, dat uns Spraak de Luft nich utgeiht.

Dat gifft soveel Snacks um den Foot, dor kann en 'n ganz Geschicht mit vertellen. Nehmt wi maal an, dor is en Mann, de hett sik in en Deern verkeken, nu will he ehr je gefallen, denn ‹wiest he sien besten Foot vör›; he laadt ehr in, ›he hett je grote Fööt‹, Geld in de Kniep; snacken kann he ok fein, ›he is goot to Foot mit de Tung‹; un se, se mach em ok lieden, ›he hett en witten Foot bi ehr‹; un as he ehr fraagt, ›wat se nich ehren Foot to sien Foot setten will‹ un em heiraden, do nückt se, un beid sünd se so glücklich, ›dat kann en mit'n Foot föhlen‹, so klaar is dat.

Hett ener bi sien Geschäften Geld verloren, denn ›hett he dor lange Hoor bi kregen un sitt nu vull Schiet un Schulden as Hoor op'n Kopp‹. Womööglich is sien Geschäftspartner en olen Voss ween, un dat weet en je, ›de Voss verleert wull de olen Hoor, aver nich de olen Nücken‹. Vun Lüüd, de jümmerto an't Nörgeln sünd, hett dat heten, ›se sünd gegen de Hoor to Welt kamen‹. Un wenn en den annern en lang Leven wünschen wull, denn hett he seggt: ›Soveel Hoor – soveel Johr wünsch ik.‹ Bi so'n Snack mutt en allerdings oppassen, dat den annern nich al ›de Kopp dörch de Hoor waßt‹, denn blievt dor nich veel Johren na, un dat weer je nich schöön.

Will di ener för dumm verkopen, denn seggst du: ›Ik laat mi keen Brill opsetten.‹ Wokeen sik aver inbildt, mit en Brill süht he recht wat klöker ut, vun den hebbt de Lüüd seggt: ›He will sik en Brill opsetten un hett de Nees dor nich to.‹ Kummt en Mann in de Johren un hett jümmer noch keen Fruu, denn hett dat heten: ›För em warrt dat Tiet, sunst mutt he sien Kinner noch dörch de Brill wegen.‹ Verkickt sik en junge Mann aver in en Deern un will ehr op'n Stutz heiraden, denn hebbt de Öllern em wahrschuut: Kiek di ehr eerst gründlich an, denk an den Snack: ›Eerst de Brill, denn de Nees, eerst de Snuut, denn de Bruut.‹

De en is en Grootsnuut, de anner hett en snippsche Snuut un de drüdd en Snuut as en Ketelflikker. En kann sik de Snuut verbrennen oder den annern na de Snuut snacken. Aal un Stuten gifft smerige Snuten; de Leevst aver, de hett en söte Snuut. Wat aver in den Snack vun de ole Fruu ›Snuut‹ heten schall, dat mutt jedereen sülm rutfinnen: ›Hett allens sien Wissenschaft, sä de ole Fruu, do puust se dat Licht ut mit de verkehrte Snuut.‹

›Em leggt dat Hehn dat Ei in de Hand‹, hebbt de Lüüd seggt, wenn en Glück in't Leven hett. Hett en bavento ok noch Geld, denn hett en ›Eier un Fett‹. Un wokeen sik riek verheiraden deit, de ›hett sien Ei goot leggt‹. Heet dat aver: ›Mit di heff ik noch en Ei to pellen‹, denn will en dat Strieden anfangen. Un Lene Meier, wenn de op vörnehm un Dame deit, denn löppt se, ›as wenn se Eier ünner de Fööt hett‹. Wenn aver Korl Thieß bi mi op dat Sofa sitt, vertellt un geiht un geiht nich mehr, denn sitt he so fast, ›as wenn he Eier utsitten schall‹, un seggt: Du wullt doch wat hören, wo du Geschichten vun maken kannst, also: ›Wokeen Eier hebben will, mutt de Höhner kakeln laten.‹

As wi lütt weern, hett uns dat ›Koppheisterscheten‹ Spaaß maakt. Man as ik dor annerletzt vun vertell, wuß de een un anner al gor nich mehr, wat dat heten schull: Koppheisterscheten. ›Einen Purzelbaum schlagen‹, heff ik verkloort. Aver dat kann ok noch wat ganz anners bedüden: Wokeen ›mit de Tung Koppheister schütt‹, de stottert. Un en Geschäftsmann, de Konkurs maakt, de ›schütt ok Koppheister‹. Wenn aver de Lüüd in' Kroog ropen hebbt: Kröger, lang de Buddel mit dat ›Koppheisterwater‹ her, denn hebbt se de Branntwienbuddel meent. Wo nu aver dat Woort ›heister‹ herkummt, dat weet en nich so genau. Mach ween, vun dat ole middelhoochdütsche Woort ›heistieren‹, sich beeilen. Na ja, wokeen Koppheisterwater suppt, de warrt gau duhn, denn kunn dat je stimmen mit dat Beeilen.

Dat warrt nich ehrer Sommer, bit uns Herr de Fööt vun de Eer hett

Ostern bit Neejohr

Ostern bit Neejohr

Dat gifft Snacks, de gifft dat bloots noch in ole Böker, klook un vull vun Poesie; en Jammer, se gaht verloren. Fröher maal hebbt de Lüüd seggt: ›Dat warrt nich ehrer Sommer, bit uns Herr de Fööt vun de Eer hett‹, un dat schull heten, de Sommer kummt nich vör Himmelfohrt. Wokeen aver nich mehr weet, wat ›Himmelfohrt‹ is, de kann ok mit so'n Snack nix mehr anfangen. Un denn geiht dor nich bloots en Snack verloren, denn is dor en Stück Welt verloren gahn. Un ok dat is en Jammer.

Ostern bit Neejohr

Wenn de olen Plattdüütschen sik över wat dull höögt oder verwunnert hebbt, denn hebbt se ropen: ›Dunnerwedder, nu fallt je wull Ostern un Pingsten op een Dag!‹ So as de lütt Schoster dat ropen hett, do schull he en Poor Strümp versahlen. Aver ok wenn se seggen wullen, dor kannst du lang op töven, hett dat heten: ›Tööv man, bit Ostern un Pingsten op een Dag fallt.‹ Wenn allerdings de lütten Jungs in fröher Tieden neeschierig weern, woans so'n Deern ünnern Rock utsüht, denn hebbt se gluddert: ›Ik much so gern maal Ostern un Pingsten op een Dag sehn!‹ Un dor mussen se je wull nich in alle Ewigkeit op töven.

›Geiht nix över de Reinlichkeit, sä de ool Fruu, un kehr alle Johr Pingsten ehr Kleed um.‹ Denn to Pingsten muß allens sien Chic hebben un sauber ween. Dat Huus ›pingstrein‹, de Gören kregen to Pingsten mennigmaal niet Tüüch, de ›Pingstkleedaasch‹, un de Mannslüüd trocken de ›Pingstbüx‹ an, de helle Büx. Wokeen sik aver to dull utstaffeer, vun den hebbt de Lüüd seggt: He süht ut as en ›Pingstoss‹. Un denn worr fiert, in fröher Tieden op de Deel vun'n Buurnhoff, un de hett denn dat ›Pingsthuus‹ heten, un de Buur weer de ›Pingstvadder‹ un dat Fest de ›Pingsthöög‹.

Dat wünscht wi uns je all, en schöön' langen Sommer. Aver as dat so is: ›De Winter höllt vör, de Sommer geiht ünner de Hannen weg.‹ Ehrer du di versühst, warrt de Daag al wedder korter. Man noch sünd se warm. Noch flüggt de Sommervagel, so hett de Schmetterling maal heten, un de lütt Kinner hebbt sungen: ›Sommervagel, sett di, dien Vadder un Mudder röppt di!‹ Denn sünd se achter em her un hebbt em fangen wullt. Un wenn se mit in't Sommerfeld mussen, wo de Öllern ehr Arbeid harrn, denn hett de Mudder wull sungen: ›Ik un mien lütt Anna wüllt in't Sommerfeld, wüllt harken un binnen gahn as anner Lüüd doon.‹ Dat sünd so Snacks un Leder, de fallt en wedder bi, solang noch de witten, gelen un bunten Sommervagels fleegt.

Ostern bit Neejohr

So mennigeen plattdüütsch Woort, wat dat hüüt al gor nich mehr gifft, vertellt vun vergangen Tieden. So as dat Woort ›Sneeschüffelbott‹. In fröher Tieden hett dat in de Dörper en Sneevaagt geven, de harr in' Winter dat Seggen. Wenn de Snee de Straten dichtmaakt hett, denn hett de Sneevaagt Order geven, ut jeedeen Huus schall sik en Mann mit en Schüffel instellen un de Wegen wedder frie schüffeln. Un düsse Order, de hett Sneeschüffelbott heten. Achter de Wöör stickt Geschichte, un de geiht mennigmaal mit ehr verloren. Dat is schaad, denn ›wenn de Tieden ok as de Snee vör de Sünn vergaht, en mutt ehr dorum nich vergeten.‹

Ostern bit Neejohr

In de olen Tieden hett de Nikolaus op Platt ›Sünnerklaas‹ heten. Dat hett aver nix mit ›Sünde‹ to kriegen. ›Sünner‹ kummt vun ›sünte‹ un heet ›Sankt‹. Sünnerklaas is Sankt Nikolaus. Wenn aver de Öllern ehr Gören bang maken wullen, denn hebbt se ehr mit den ›rugen Klaas‹ drauht, de stickt ehr in den Sack. Dor wüllt wi aver je nix vun hören, laat uns man lever op den Sünnerklaas freuen un mit den olen Snack seggen: ›Sünnerklaasavend gaht wi na baven, denn pingelt de Klocken, denn danzt de Poppen, denn piept de Müüs in Grootvadder sien Hüüs.‹

›All goden Gebrüke gaht verloren, sä de Deern, do harr de Paster ehr dat Danzen verboden.‹ Aver nich bloots de Paster hett sik in fröher Tieden över Danzen un Fiern argert, ok de Obrigkeit. Op Nordstrand sünd de Lüüd an Wiehnachten mennigmaal so deep in de Buddel versapen, hebbt danzt un sungen, do hett de Herzog Order geven: ›Nachdem wir erfahren, daß in den Heiligen Weihnachten sonderbare Gelage gebräuchlich sein sollen, wodurch dann die Feiertage entheiliget, so ist unser Wille, daß man solche Gelage soll unterlassen.‹ Dat weer 1622. Un hett nix holpen. Bit hüüt un düssen Dag. So is de Welt nu maal: Christi Geburt un de ›sonderbaren Gelage‹. Andacht lett sik nich befehlen un dat Vergnögen nich verbeden.

Fröher maal, wenn en seggt hett: ›Schenk mi dat!‹ denn hett de anner, wenn he dor keen Lust to harr, antert: ›Dat Schenken is afkamen, as dat Kopen opkamen is.‹ Wenn aver Martha Johnsen dat hüüt to ehren Mann seggt, denn hett se sik as jeedeen Johr över Willem argert, denn de, wenn he sien Fruu wat to Wiehnachten schenken will, fraagt jümmer bloots: Na, mien Martha, wat schall ik di denn dit Johr maal kopen? Denn gnurrt Martha: Kopen kann ik mi sülm wat. Laat di wat infallen, wenn du schenken wullt. Aver bi di is dat Schenken je afkamen, sieht dat Kopen opkamen is. Denn steiht Willem dor, kleit sik an' Achterkopp un denkt: Ik kann ehr doch nix basteln, oder wat will se mit ehren Snack?

Ostern bit Neejohr

Ik will maal vertellen, woso de Wiehnachts- un Ooltjohrsavend ok ›Vullbuuksavend‹ heten hebbt. In fröher Tieden hett so mennigeen Buur sien Knechten un Mägden dat Eten todeelt. He hett dor an sporen wullt. So'n Buur hett dat mit den Snack holen: ›Lang man to, dat warrt je wull för'n Mahltiet recken, un Gott geev, du nimmst gor nix.‹ Bloots an' Wiehnachten un Ooltjohrsavend, do dörv jedereen soveel eten, bit de Buuk vull weer. Do worr nich todeelt. Dat gell ok för de Kinner, dorum hebbt de al veel Daag vör Wiehnachten süüfzt: ›Wenn doch eerst de Avend keem, wo en sülm snitt un itt.‹

Ostern bit Neejohr

Wenn Wiehnachten vörbi is, de Geschenken utpackt un de Karpens verdrückt sünd, denn liggt so mennigeen vun uns op't Sofa un is an't Stöhnen: Ik heff mi överfreten! Fröher maal, do hett dat in uns Land en Snack geven, de hett heten: ›De sien Broot hett, bruukt nich na Amerika um Botter reisen.‹ Dat weer to de Tiet, wo veel arme Lüüd utwannern mussen na Arbeid un Broot. Op Platt kriggt en den Snack hüüt nich mehr to hören, aver in anner Spraken geiht he jümmer noch rund um de Welt. Dennso laat uns man maal dankbor ween, dat wi op dat Sofa leggen köönt un stöhnen.

Is de Tobak all, geiht de Piep ut

Ool Lüüd

›Is de Tobak all, geiht de Piep ut.‹ Dat hett ok Hein Gimmini wußt. As he oolt worr un krank un de Dokter em seggt hett: Hein, dat geiht op dat Enn to, do gung he sachmödig dörch de Daag, stunn veel an't Graff vun sien Fruu, sä, ik kaam nu ok bald, wull noch eenmaal de See sehn, dat Vörland mit de Schaap, keem denn to Leggen un is storven. De letzten Krömels vun den Tobak, de will ik mit Bedacht smöken, hett Hein seggt. Dat is em glückt.

Dat is nich lang her, do hebbt de Lüüd noch seggt: ›De Minsch is keen Stevel, wenn he op is, is he op.‹ Hütigendags will jedereen repareert un flickt warrn, so lang as dat man geiht. Se gruugt sik all vör dat Enn un den Dood. So as Walter Looft. De löppt all Ogenblick na sien Dokter, bildt sik in, he hett hier wat un dor wat un schall starven. Do hett de Dokter maal to em seggt: Walter, du mußt nich all veerteihn Daag bi mi ankamen un wullt dootblieven. ›Een Dood sünd wi unsen Herrgott man schüllig, de kummt vun sülm, söcht sik sien Oorsaak un lett sik toletzt ok nich mehr dörch Pillen un Doktors smeren.‹ Solang freu di man to dat Leven!

Ool Lüüd

Gustav Meier liggt in't Krankenhuus, dat geiht em nich goot, de halve Lung is weg. Nu sitt sien Kollegen bi em an't Bett un wüllt em Moot maken. So ok Fiete Hintz. Du warrst dat sehn, seggt Fiete, dat duurt nich lang un du büst wedder op de Been. So as Hans Holler, de hett vör twee Weken en frische Hüft kregen un löppt al meist wedder as tovör! Do kickt Gustav Fiete an un süüfzt: Fiete, bi mi is dat de Lung. Tscha, wo heet de Snack: ›Seggst du wat oder geiht di dat Muul man so?‹ Fiete Hintz hett naher meent: Wat schall en ok seggen, wenn de anner dor liggt un en weet nich, wo dat op rutlöppt mit em.

›Wokeen nich oolt warrn will, mutt sik jung ophangen.‹ Dat hett de ool Schütt verpaßt, de is 70, will aver för 59 dörchgahn, un mach vun't Öller nix hören. Dorum is he ok jümmerto an't Joggen, Tennisspelen un Haarfarven. Fröher maal hett en vun ole Lüüd seggt: ›die ehrwürdigen Alten‹. Vundaag heet dat: ›die jungen Alten‹. Un de sünd fit! seggt Schütt. Fraagt sik man: Fit för wat? Ganz opletzt mutt ok de, de fit is, vun de Welt. Denn lever oolt un ehrwürdig as bloots oolt un fit.

Ool Lüüd

Wenn Hannes Hansen dat Woort ›klonen‹ höört un vertellt vun dat Schaap Dolly un all de Tieren, de se klont hebbt, denn fangt he dat Swögen an: Töövt dat af, röppt he, de Dag kummt, dor köönt ok wi uns klonen laten! Hannes der Erste, der Zweite, der Dritte! Denn hebbt wi dat ewige Leven faat! – Wat schall en dorto nu seggen? ›De is arm, de sik den Dood wünscht, aver de is noch armer, de för em bang is.‹ Warrt aver dat Klonen Mood, denn mutt dat wull heten: An allerarmsten is de, de as Hamster in de Trummel vun dat ewige Leven löppt un kummt narms mehr an.

Wi hebbt all een Gott, man nich all een Gloven

Heven un Eer

Wo heet dat doch: ›Wi hebbt all een Gott, man nich all een Gloven.‹ Un dat kann de Minsch nich af. Dorum sä de de ool Buur Kruus ok jümmer: ›Mien Gloven is, ut 7 Pund Fleesch warrt en gude Supp.‹ Um so'n Gloven mutt en sik nich hauen, de sitt in de Maag. Schull dat womöögli de beter Gloven ween?

In fröher Tieden weern de Buurn mennigmaal nich goot op de Presters to snacken. Presters, hebbt se seggt, de verdeent ehr Geld doch bloots mit'n Mund! Un dorum menen se: ›Plögen un Düngen is beter as Beden un Singen.‹ Un wenn so'n Prester denn sä: Kopparbeid, de is nich so licht to! denn anter de Buur: Stimmt, dat weet ik vun mien Ossen! – Nu is dat je wahr, wenn Beden un Singen nix as Wöör un Noten sünd, stickt dor nich veel achter; aver wahr is ok, wenn Plögen un Düngen op nix as op Geldverdenen rutlööpt, denn langt dat ok nich ganz för't Leven.

Wat hebbt de Lüüd doch veel Snacks um den Karkendener maakt. ›De Küster‹, hebbt se seggt, ›is de Steert vun de Geistlichkeit.‹ He muß de Orgel spelen, de Klocken lüden. Wenn't recht lang lüüdt hett, denn hett dat heten: ›De Küster sitt wull mit sien Been in' Klockenstrang fast.‹ So'n Küster harr nich veel in de Melk to krömen. ›Wenn dat op den Prester regent hett, denn hett dat op den Küster drüppelt.‹ Presters un Küsters worrn vun de Buurn betahlt, de aver harrn de beiden op'n Kieker. Denn wenn de Buur op't Feld to arbeiden weer, leep so mennigeen Prester un Küster achter de Schört vun de Buurfruu her. So is dat denn ok wull to den Snack kamen: ›De Klock lüüd ik sülm, sä de Buur, do stött he den Küster vun sien Fruu.‹ Sodennig kann en de Buurn dat nich verdenken, wenn dat vun ehr heten hett: ›Will de Buur sparen, fangt he bi'n Prester un Küster an.‹

To uns in't Dörp kummt all de Johren en Storkenpaar. De beiden kriegt hier ehr Kinner, treckt ehr op, fleegt, wenn't sowiet is, na Süden un kehrt dat anner Johr trüch. So ok düt Johr. He un se. Un dat hett ok nich lang duurt, do keken dor dree lütte Aadboors övern Nestrand. Nu aver is he, de Aadboorvadder doot, dootschoten. Nüms weet, wokeen dat doon hett. Man de dat doon hett, de hett den olen Spruch nich kennt: ›Wo de Aadboor buut op't Huus, dor treckt Gottsfreden in dat Huus.‹ Aver mit den Freden is dat nich wiet her in de Welt, un wenn't de Freden mit de Natur un so'n lütten Aadboor is.

Vundaag is dat je so: Du kannst kamen, wo du wullt, in all Geschäften dudelt Musik. Denn mit Musik, seggt se, lett sik allens beter verkopen, de Minsch mach dat nich, wenn't still is, dor mutt Stimmung her. Dat hett sik denn ok wull de Paster dacht, an den sien Karkendöör stunn: Tritt ein zur stillen Besinnung. Man binnen weer nix mit ›still‹, binnen sung en Chor, aver vun't Tonband, un wenn dat dörchlopen weer, fung dat wedder vun vörn an. As in't Koophuus. Fröher maal hett dat heten: ›So lang dor noch sungen warrt, is de Kark nich ut.‹ Man do hett en sülm sungen, un dat Singen weer Loff, Dank un Andacht. Wenn dor nu aver op dat Band nix as Stimmung vun warrn schall, denn is dat wull bald ut mit de Kark.

Lachen un Wenen liegt mennigmaal dicht bieenanner. Dat hett nu ok Antje Steen to weten kregen. De schull ehr eerst Kind kriegen, un as dat meist sowiet is, do blifft ehr Mudder doot. So op'n Stutz, nüms hett dat kamen sehn. De junge Fruu hett so dull huult, do hett dat Lütt in'n Buuk sik mellt, un ehrer de Oma ünner de Eer leeg, leeg en lütt Deern in de Weeg. Do hebbt se sik all freut un hebbt to glieke Tiet weent. De Paster aver hett seggt: ›Wenn Gott een Döör tomaakt, maakt he en annere wedder op.‹ So is dat.

Ik wull maal en ole Kark bekieken, man binnen weer jüst en Truurfier. De Karkendener fluster mi to, dat worr nich mehr lang duurn, ik schull man buten so lang töven. As de Dören opgungen un de Truurlüüd uttrocken, nück ik den Karkendener to un sä liesen: Dank. Wüllt höpen, dat wi beid noch recht en Stück mitlopen köönt in't Leven. Aver he anter: ›Wat hölpt all dat Lopen, wenn't nich de rechte Weg is.‹ – Dat is wull wahr, aver wat is de rechte Weg? Um de Fraag haut sik de Minschen bit hüüt un düssen Dag de Köpp in.

Wat de ool Paster Mohr weer, wenn de in sien Predigt op de Tieden to snacken keem, denn kunn he sik in de Raasch predigen. Wat is dat doch för'n Welt, schimp he denn, de een fritt sik krank, de anner hett nix to bieten; wi sitt hier kommodig achtern Aven, en paar Stunnen wieder langs loopt se för Bomben un Gewehren weg! Wat sünd wi doch för Minschen! Denn aver, wenn he sik utschimpt harr, fool he de Hannen un süüfz liesen: ›Gott hett den Minschen toletzt maakt, un de is ok dorna!‹ Keek na baven, as wull he sik bi Gott entschülligen un sä: Amen.